寺田本家
発酵カフェの

甘酒・酒粕・麹の

やさしい おやつ

寺田聡美

寺田本家のこと

　寺田本家は、千葉県・神崎町で自然酒を造っている酒蔵です。

　創業は延宝年間（1673〜81年）。創業から350年ほどがたつことになります。

　酒造りの原料は、おもに地元の無農薬・無化学肥料栽培米。仕込み水にも地元・神崎神社の杜を水源とする清らかな地下水を使っています。

　そして、なんといっても特徴は、発酵に"蔵付き"の微生物の力を借りていること。酒造メーカーの中には、人工乳酸などを添加して短期間で発酵させるところも多いと聞きますが、寺田本家では、酒蔵に棲みついている蔵付きの菌＝微生物の力でのんびりと発酵させ、酒造りをしているのです。

　寺田本家の酒造りは、"待つこと"も大切な仕事のひとつです。麹と米と水を合わせたものを蔵に置いて、酒のもとである"酒母"ができるのをじっと待つ。ときに蔵人は、"酛摺り唄"を唄い、温度を調節してやりながら、蔵に長く棲む微生物が自然にやって来て、心地よく、酒造りに力を貸してくれることを待つのです。

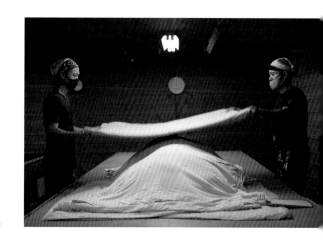

　ちなみに"酛摺り唄"とは、酒母造りのときに、昔から唄われているもの。木桶の中の麹と米と水の様子を見ながら、「今日は八番まで唄おう」などと決めて、櫂棒で摺りおろしながら唄うのです。これは、微生物を心地よくさせるという側面もあるかもしれませんが、時計がなかった時代に、作業時間を計るために行われていたようです。今となっては時計を見ながら作業すれば済むことですが、蔵人が声を合わせることで、皆の息が合い、場がひとつになり、楽しい空気に満たされるという面でも、とても素敵な習慣だと思っています。

　いつも穏やかな気持ちでいてくれるように、機嫌よく過ごしてくれるように、そっと布団をかけたり、やさしく唄ったり。酒造りは、まるで子育てです。寺田本家の酒は、ありがたいことに、「やさしく、それでいて力強い」と言われます。そんな言葉をいただくと、まるで我が子を褒められたような、ちょっとこそばゆい気持ちになります。それと同時に、私たちの酒造りは皆さんの心に届いているのだと、とてもありがたい気持ちにもなるのです。

「お酒、強いんでしょう？」。大人になってから、そんな言葉を何度かけられたことでしょう。寺田本家の次女として生まれた私ですが、実はお酒はほとんど飲めません。けれど、お酒そのものは飲めなくても、その副産物である酒粕や、原料である米麹を使った発酵ごはんやおやつをずっと食べているので、寺田本家の"発酵"の恩恵は、しっかり受けているのです。

寺田本家の敷地内に、発酵暮らし研究所と「カフェ うふふ」をオープンして、早くも5年になります。きっかけは、お酒を飲めない方々にも、私たちのお酒から生まれる発酵の力、そして発酵おやつやごはんのおいしさを知ってほしいと思ったから。"研究所"なんて、ちょっと大仰な名前をつけてみたのは、寺田本家に関わる私たちだけでなく、ここを訪れるたくさんの人たちと、"発酵"を体験し、分かち合ってみたかったからです。

発酵暮らし研究所と
「カフェ うふふ」のこと

私は常々、"発酵"は、食べもののことだけで
はないと感じています。何かと何かが一緒に
なって、不思議な力で別のものを生み出す。そ
のこと自体が、"発酵"だと考えています。ここ
を訪れた方が、この場所が醸し出す空気と出合
い、心を動かしてくれたなら、それも発酵。さ
まざまな人が集まって、おしゃべりをして刺激
を与え合うのも発酵。みんなで、そんな発酵暮
らしを楽しんでみたいな、と思っているのです。

そして、「カフェ うふふ」の名の由来。実は
これは、おなかの様子を表現しています。お酒
が発酵するときは、表面がぷくぷくと動きます。
それは、まるで楽しそうに笑っているかのよう。
酒粕や米麹を使った発酵おやつやごはんを食べ
て、おなかも心地よくぷくぷくと、まるで笑っ
ているように発酵する。そして「うふふ」と笑
顔になる。そんな穏やかで朗らかなイメージが
いいな、と思ったのです。

この本では「カフェ うふふ」で人気の、甘酒、
酒粕、麹などを使った発酵おやつを紹介してい
ます。砂糖、卵、乳製品は使いません。お店で
は小麦粉を使ったお菓子もお出ししていますが、
この本のレシピは小麦粉も不使用です。本のた
めに考えたレシピもたくさんありますので、お
うちでぜひ楽しんでください。

もくじ

PART.
1 焼き菓子

材料のこと

この本では、普通のお菓子レシピでは目にしない材料も多く登場します。
ここでは、それらをちょっと詳しく紹介。
こんな特徴や栄養があるから、発酵食を使ったおやつはおいしく、
飽きることなく、味わい深いのです。

〈麹〉

甘酒、塩麹、酒粕の原料

　甘酒も塩麹も、酒粕も、その原料として、麹は欠かせない存在です。麹とは、蒸した米や麦、大豆などに麹菌を付着させ、繁殖しやすい環境において培養したもの。米に付着させれば米麹、麦なら麦麹、大豆なら豆麹となります。この麹菌は、日本をはじめとする湿度の高いアジア地域にしか生息していません。しかも、日本の麹菌「コウジカビ」は、他の国ではみられないものです。そして、しょうゆやみそなど、私たちの食生活に欠かせない調味料は、すべてこのコウジカビから生まれているのです。そのため、麹菌＝コウジカビは "国菌" に認定されているほど。この本で使う甘酒や塩麹で使っている麹は、すべて米麹。白米麹と玄米麹がありますから、お好みのものを使ってください。また、米麹は生のものと乾燥したものが市販されています。寺田本家の米麹は生のもの。スーパーなどで買う場合は、手に入りやすい乾燥の米麹でも大丈夫です。

栄養たっぷりでやさしい甘み

〈甘酒〉

原材料は、米、麹、水。これらを合わせて温めるだけで、ほんのりやさしい甘みを持つ甘酒になります。この味わいは、ごはんのでんぷんを、麹が糖化させることで生まれたもの。発酵している上に、"酒"という名前がついているので勘違いされることもありますが、アルコール分はまったく含まれていないので、お酒に弱い方やお子さんでも安心して味わえます。ブドウ糖や必須アミノ酸、ビタミン類を多く含む甘酒。別名「飲む点滴」とも称されるほどなので、毎日口にしたい食品です。この本で使っているのは、「カフェ うふふ」の自家製甘酒。とろりと濃厚な味わいなので、市販品に置き換えるなら、「2倍濃縮甘酒」と呼ばれているものを使ってください。

体にいいこと

「飲む点滴」と呼ばれるだけあって、甘酒の栄養価の高さは別格。脳のエネルギー源ともいわれるブドウ糖や、筋肉のエネルギー代謝に必要だけれど、私たちの体内では合成できず、食べ物から摂取するしかないイソロイシンなどをはじめとする必須アミノ酸、さらにビタミンB_1・B_2、葉酸などを豊富に含んでいるのです。また、うれしいのが体内への吸収が早いこと。少し調子が悪いときに口にすれば、みるみる元気がわいてきます。

・作り方 → P.84

選び方・保存法

市販品であれば、シンプルに米と麹だけで作られたものを選びましょう。また、市販品は熱を入れて発酵を止めていますが、自家製の場合、ずっと発酵が続きます。味わいをキープするためには、ひと煮立ちさせて発酵を止めてから冷蔵保存を。そのままおいて空気に触れさせておくと、乳酸菌や酵母菌が働いて、酸っぱくなったりお酒になってしまうことも。栄養価は変わらないので、出来上がったものを小分けにして冷凍するという方法もおすすめです。

素材の味わいを引き出す、
縁の下の力持ち

〈塩麹〉

　日本人が昔から慣れ親しんできた、みそやしょうゆをはじめとする発酵調味料。それらを生み出すベースになっている麹と、もっともシンプルな調味料である塩を合わせて作るのが、塩麹です。発酵する過程で、麹菌だけでなく、乳酸菌や酵母菌などたくさんの微生物が働きはじめる塩麹。米麹が分泌する酵素のアミラーゼが、でんぷんをブドウ糖に変え、プロテアーゼはタンパク質を分解し、うまみのもととなるアミノ酸やペプチドを生み出すのです。これが、塩麹ならではのうまみとコクの秘密。塩気を感じつつも、その奥にほのかな甘みまで含む塩麹。この微生物の力で生み出される複雑な味わいが、たったひとつで料理に奥行きを与えてくれるのです。

体にいいこと

　塩を使うよりも少ない塩分量ながら、素材そのものが持つ味わいをグッと引き出してくれる塩麹。この本でも、素材の甘さを引き出すために、果物と合わせて登場することもしばしばです。もちろん味わいの面だけでなく、発酵の力で腸を活性化する効果も。また、その味わい深さから、塩分量は控えめなのに、食べたときの満足感が大きいのも特徴。自然な減塩につながるのもうれしいところです。ぜひ、多めに仕込んで塩代わりに常備してください。

・作り方 → P.85

選び方・保存法

　市販品を買うのなら、塩と米麹だけで作られたものを選びましょう。この本で使用している塩麹は、混ぜて室温におくだけでできるもの。温度管理の手間がないので、ぜひ気軽に作ってみてください。保存は、涼しい季節は室温、暑くなったら冷蔵庫で。時間がたつと褐色に色づきますが、これは発酵が進んでいる証拠。塩麹は賞味期限はありませんから、おけばおくほど、おいしさも深まるのです。ただし、雑菌が入ると腐ってしまうので注意しましょう。

コクをプラスする、
うまみのかたまり

〈酒粕〉

酒の原料は、米、麹、水。これを合わせて発酵させ、"酒母"を作ることから酒造りがはじまります。力強い酵母を育てた酒母から、"もろみ"を仕込み、じっくり時間をかけて醸していくのです。このもろみを搾って酒ができ、搾りカスが酒粕になります。そこには有用な微生物がたくさん残っています。そして、凝縮されたうまみもたっぷり。油分と合わせるとまるで乳製品のような味わいです。平たい板状の板粕、バラバラに崩れたバラ粕、ペースト状の練り粕などがありますが、この本では一般的な板粕を常温でやわらかくして使っています。酒粕にはアルコール分が8%ほど残っているので、アルコールに弱い方やお子さんは、十分火を入れてから召し上がってください。

体にいいこと

かつて、酒粕は「酒骨」と呼ばれていました。主役である酒よりも、栄養価が高いことが知られていたのです。タンパク質やミネラル、ビタミンB群、アミノ酸、食物繊維など、含まれる栄養素は実に豊富。実はこのビタミンB群は、肌の新陳代謝を高め、ターンオーバーを促進。美肌効果が期待されます。また、悪玉コレステロールの値を下げるレジスタントプロテインも多く含まれ、丈夫な体づくりのサポートにも一役買ってくれるのです。

選び方・保存法

まずは、酒粕のもととなっている酒の原材料をチェック。できれば、「醸造用アルコール」が添加されていないものを選びましょう。さらに精米歩合60〜90%程度で、生酛造り、山廃仕込みとあるものなら、ベターです。冷蔵保存していても、時間とともに褐色に変化していきますが、これは熟成が進みうまみを増している証拠。フルーティーな味わいを楽しみたいなら、早めに使い切りましょう。冷凍保存ならより長く鮮度が保てます。

体にやさしい甘味料

〈米飴〉

　原料は、米と大麦の麦芽。日本では昔から親しまれている甘味料です。麦芽に多く含まれる糖化酵素が、蒸した米のでんぷんを分解し、ゆっくりと甘みの強い麦芽糖に変えていきます。それをこし、煮詰めたものが米飴。お米由来の自然な甘みで、ビタミンB_2やミネラルを豊富に含み、栄養価が高いのも特徴です。冬場は固まって扱いにくくなるので、湯煎にかけてやわらかくしてから使ってください。

小麦粉なしでもお菓子が作れる

〈米粉〉

　お米を細かく砕いて粉状にしたものが米粉。特徴は、小麦粉に比べてもちもちした食感が楽しめ、揚げるとサクサク食感になることです。最近はより細かく粉にできる技術が進んだため、お菓子作りの際に小麦粉代わりに使うこともできるようになりました。この本で使っているのは、細かな粒子の製菓用米粉。ダマになりにくく、きめ細かい生地を作れます。小麦アレルギーを持つ方のほか、グルテンを気にする方にもおすすめです。

乳製品代わりに大活躍

〈豆腐・豆乳・おから〉

　乳製品を使わないこの本のレシピでは、大豆から生まれるこれらの食材が大活躍。乳製品に比べて軽い仕上がりになるのもうれしいところです。どこか豆の香りがして、やさしい味わいになるのも、甘酒や酒粕と好相性。今回は、豆腐は水きりなしで使用して、内側に含まれるその水分まで利用したレシピになっています。おからはパウダーでなく、生を使用。いずれも、選ぶときは直接口にしたときに、「おいしい」と思えるものを。

道具のこと

お菓子作りは、
料理とは少し違う道具が必要です。
計量が大切なので、
計量スプーンだけでなく、
スケールもぜひ用意して。
均一に混ぜられる
フードプロセッサーも便利です。

・ボウル
中で生地をこねられる大きめのものと、小さめ
のものがあると便利。小さめのものは、計量し
た材料を入れておくのにも使える

・ゴムべら・木べら
ボウルの中で生地をしっかり混ぜるためには、
しなやかなゴムべらを。一方、生地を火にかけ
て練るときには、木べらが使いやすい

・泡立て器
ゆるい生地を粉気がなくなるまで混ぜるときは、
泡立て器を。レシピによっては、電動のハンド
ブレンダーを使ってもOK

・カード・スケッパー
ボウルに残った生地をきれいにこそげて無駄な
く使ったり、まとめた生地を切り分けたりする
ときに使う。小さいけれど、なにかと活躍

・めん棒
粉を使った生地をのばすために使用。今回のレ
シピでは大きな生地を扱うことはないので、小
さめのサイズのもので十分

・キッチンスケール
お菓子作りは、計量でミスをするとふくらまな
かったり、焼き色がうまくつかなくなったり。
1g単位まで量れるスケールを

・フードプロセッサー
手では扱いにくい、水分を多く含んだ生地など
をこねたり、素材同士を均一にペースト状にす
るなど、お菓子作りの強い味方

・オーブンシート
オーブンでの加熱時だけでなく、生地を挟み、
めん棒で均一にのばすのに使ったり、型に敷き
紙として使ったりとさまざまに活躍

・型
ビスケットやクラッカーの型はお好みのもので
OK。大きいタルト型は底が抜けるものが便利。
流し缶は和菓子に使用

ビスケット型:甘酒ビスケット（p.16）
タルト型小:ブルーベリーのタルト（p.18）
タルト型大:木の実のタルト（p.19）
丸抜き型:里いもの塩麹クラッカー（p.30）
丸型:タルトタタン（p.32）
カヌレ型:甘酒カヌレ（p.34）
パウンド型:酒粕ドライフルーツケーキ（p.36）
流し缶:白玉抹茶あんみつ（p.44）、
麹あんこのきんつば（p.48）、甘酒ういろう（p.50）

今月のお菓子
「甘酒ずんだと白玉のパフェ」1,200円
（ランチ set 1,100円）
パフェの下には、甘酒グラノーラ、甘酒クリーム、
寒天。上には、甘酒きなこアイス、白玉、
甘酒ずんだあん、甘酒ビスケットが
のっています。お砂糖や乳製品、小麦を
使わなくとも、しっかり甘い大満足のパフェです。

New
「甘酒カヌレ」350円
豆乳、米粉、なたね油、甘酒を練り上げ
香ばしく焼き上げました。

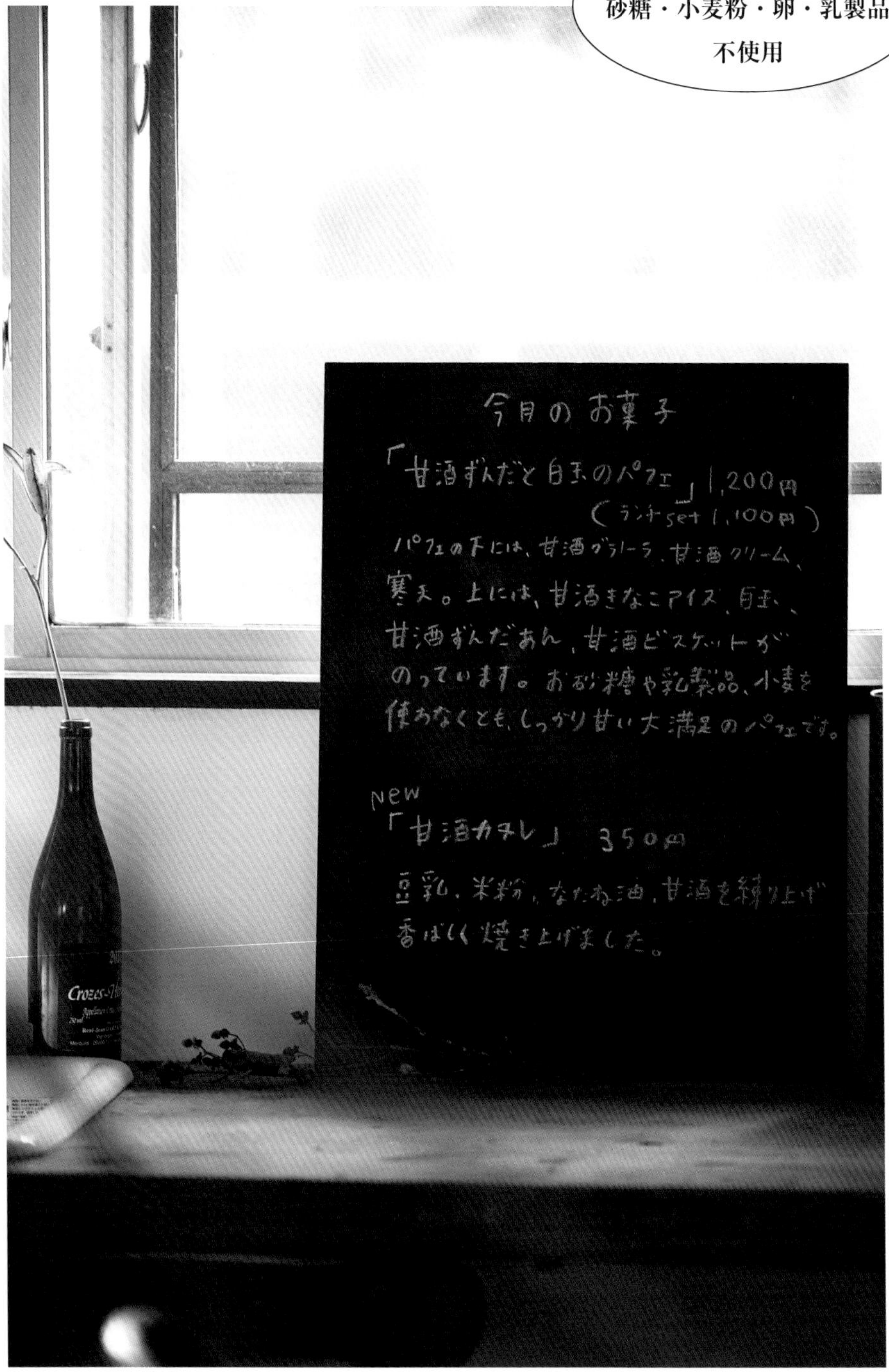

◉レシピのお約束
・計量単位は1カップ＝200㎖、大さじ1＝15㎖、小さじ1＝5㎖です。
・オーブン、オーブントースターの焼き時間は目安です。
　機種によって違いがあるので、様子を見ながら加減してください。
・油はおもに菜種油を使用していますが、ない場合はサラダ油や米油に替えてもOKです。

PART.
1

焼き菓子

甘酒、酒粕、塩麹は、実は焼き菓子ととても
相性のいい食材です。ほのかな甘み、うまみ、
塩気が深い味わいを生み出してくれます。扱
いの難しいバターや生クリーム、小麦粉を使
わないから、作り方も驚くほど簡単。毎日の
おやつに、気軽に作ってみてください。

甘酒ビスケット

ほのかな甘さのビスケットは、
そのまま食べるのはもちろん、
さまざまなお菓子のベースとして大活躍。
べたつかず、扱いやすい生地なので、
お菓子作り初心者でも気軽に
チャレンジしてほしいレシピです。

● 材料　5.5×3.5cmのもの10枚分

2倍濃縮甘酒……30g

A ┃ 米粉……30g
　┃ オートミール……30g
　┃ 菜種油……大さじ1と1/2
　┃ 塩……少々

● 下準備
・オーブンを140℃に予熱する

● 作り方

❶ Aをフードプロセッサーにかけ、パウダー状にする。

❷ 甘酒を加えてさらにフードプロセッサーにかける。

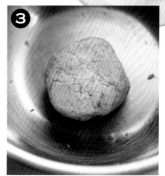

❸ ボウルに移し、生地をひとまとめにする。まとまらないようなら少量の水を足し、やわらかいようなら少量の米粉を足す。

❹ オーブンシートの上に生地を置き、めん棒で3〜4mm厚さにのばす。

❺ 好みの型（ここでは5.5×3.5cmのビスケット型を使用）で抜く。残った生地はひとまとめにしてのばし、再度型で抜く。

❻ オーブンシートごと天板にのせ、フォークでそれぞれに穴をあける。140℃のオーブンで20〜25分焼く。まだやわらかいようなら、オーブンにそのまま放置し、余熱でさらに火を通す。

甘酒ビスケットの生地で

ブルーベリーのタルト

作り方 → P.22

カスタードクリーム代わりに敷き詰めたのは、
混ぜるだけで完成する、甘酒＋豆乳ベースの生地。
ぷるんとした食感とタルトのサクサク感とのコントラストがたまらないおいしさ。

甘酒ビスケットの生地で

木の実のタルト

作り方 → P.23

くるみやアーモンドなどのナッツ類をたっぷり使った、
素朴ながらもリッチな味わい。タルトとナッツの間には、
甘くやわらかなさつまいもペーストを敷き詰めました。

甘酒ビスケットの生地で

フロランタン

作り方 → P.24

サクサクした生地とキャラメルアーモンドの
組み合わせがおいしいフランス菓子が、
米飴を使って手軽に作れます。
米飴はクセがなく、
ナッツの味わいを引き出してくれます。

フロランタンの応用で

チュイル

作り方 → P.25

その形からフランス語で瓦という意味を持つ焼き菓子。
生地をさっと混ぜ合わせて焼くだけで作れます。
菜種油と豆乳で仕上げるので、素朴で軽やかな味わいです。

ブルーベリーのタルト

● 材料　直径6.5×高さ2cmのタルト型3個分

甘酒ビスケットの生地(p.17参照)……全量

A┤ 2倍濃縮甘酒……80g
　│ 片栗粉……大さじ1/2
　│ 豆乳……小さじ2

ブルーベリー……9粒程度

● 下準備

・オーブンを140℃に予熱する

● 作り方

1　甘酒ビスケットの生地をめん棒で5mm厚さに
　 のばし、型に敷き込む。フォークでそれぞれ
　 に穴をあけ、140℃のオーブンで10分焼く(a)。

2　Aをよく混ぜ合わせ、1にそれぞれ流し込む。
　 160℃のオーブンで15〜20分焼き、粗熱が
　 取れたらブルーベリーをのせる。

型からはずしやすい生地なので
型に油を塗る必要なし。まずは
タルト生地だけを下焼きする

木の実のタルト

● 材料

直径21cmのタルト型（底が抜けるタイプ）1台分

甘酒ビスケットの生地

　（p.17参照）……2倍量

さつまいも……100g

塩……少々

豆乳……大さじ2

米飴……60g

A ┃ 甘栗……80g
　 ┃ くるみ、アーモンド、カシューナッツ
　 ┃ 　（すべて無塩）……各40g
　 ┃ かぼちゃの種……10g

● 下準備

・オーブンを140℃に予熱する

● 作り方

1　甘酒ビスケットの生地をめん棒で5mm厚さに
　　のばし、型に敷き込む。フォークで全体に穴
　　をあけ、140℃のオーブンで20〜25分焼く。

2　さつまいもは皮ごと2cm厚さの輪切りにし、
　　塩を振ってやわらかくなるまで蒸す。豆乳と
　　合わせてフードプロセッサーにかけ、ペース
　　ト状にする。

3　米飴を湯煎にかけ、やわらかくする（a）。A
　　の木の実類を加えて和える（b）。

4　1のタルトに2を敷き詰め、3を温かいうち
　　にバランスよく広げる。

米飴はナッツにからみやす
くするために、湯煎にかけ
てやわらかくしておく

それぞれのナッツを米飴
でコーティングするよう
に、まんべんなく混ぜる

● 材料　7×3cmのもの7枚分
甘酒ビスケットの生地(p.17参照)……全量

A ┃ 米飴……30g
　┃ 豆乳……大さじ2
　┃ 菜種油……小さじ2
　┃ 粉寒天……小さじ1/4

スライスアーモンド……25g

● 下準備
・オーブンを140℃に予熱する

● 作り方
1　甘酒ビスケットの生地を、めん棒で4〜5mm
　　厚さの長方形にのばす。フォークで全体に穴
　　をあけ、140℃のオーブンで10分焼く。
2　鍋にAを入れて中火にかける。とろみがつ
　　いてきたら、アーモンドを入れてひと混ぜす
　　る（a）。
3　2が温かいうちに1の上にまんべんなくのせ
　　る（b）。160℃のオーブンで15分焼く。
4　オーブンから取り出し、温かいうちに切り分
　　ける（c）。

フロランタン

米飴は少し煮詰める。鍋底
にゴムべらで筋が描ける程
度までとろみがつけばOK

冷めると固まってしまうので、
アーモンドに米飴をからめた
ら、熱いうちに生地にのせる

冷めてかたくなってから切
ると割れてしまうので、切
り分けるのは、熱いうちに

チュイル

● 材料　14枚分
塩麹……小さじ1/2
米飴……40g
米粉……20g
片栗粉……15g
豆乳……大さじ2
菜種油……大さじ1
黒いりごま……大さじ1

● 下準備
・オーブンを160℃に予熱する

パリパリ食感のポイントは、
生地を均一に薄く広げること。
スプーンの背を使えば簡単

● 作り方
1　すべての材料をボウルに入れ、混ぜ合わせる。
2　天板にオーブンシートを敷き、1の生地をスプーンで小さじ1程度すくってのせ、スプーンの背で1〜2mm厚さにのばす（a）。
3　160℃のオーブンで9〜10分焼く。
4　オーブンからすぐに取り出し、生地が熱くやわらかいうちにめん棒などの丸みを使ってカーブを作り（b）、冷ます。

オーブンから出したての熱い
うちに、やけどに注意しなが
らさっとカーブをつける

25

酒粕クラッカー

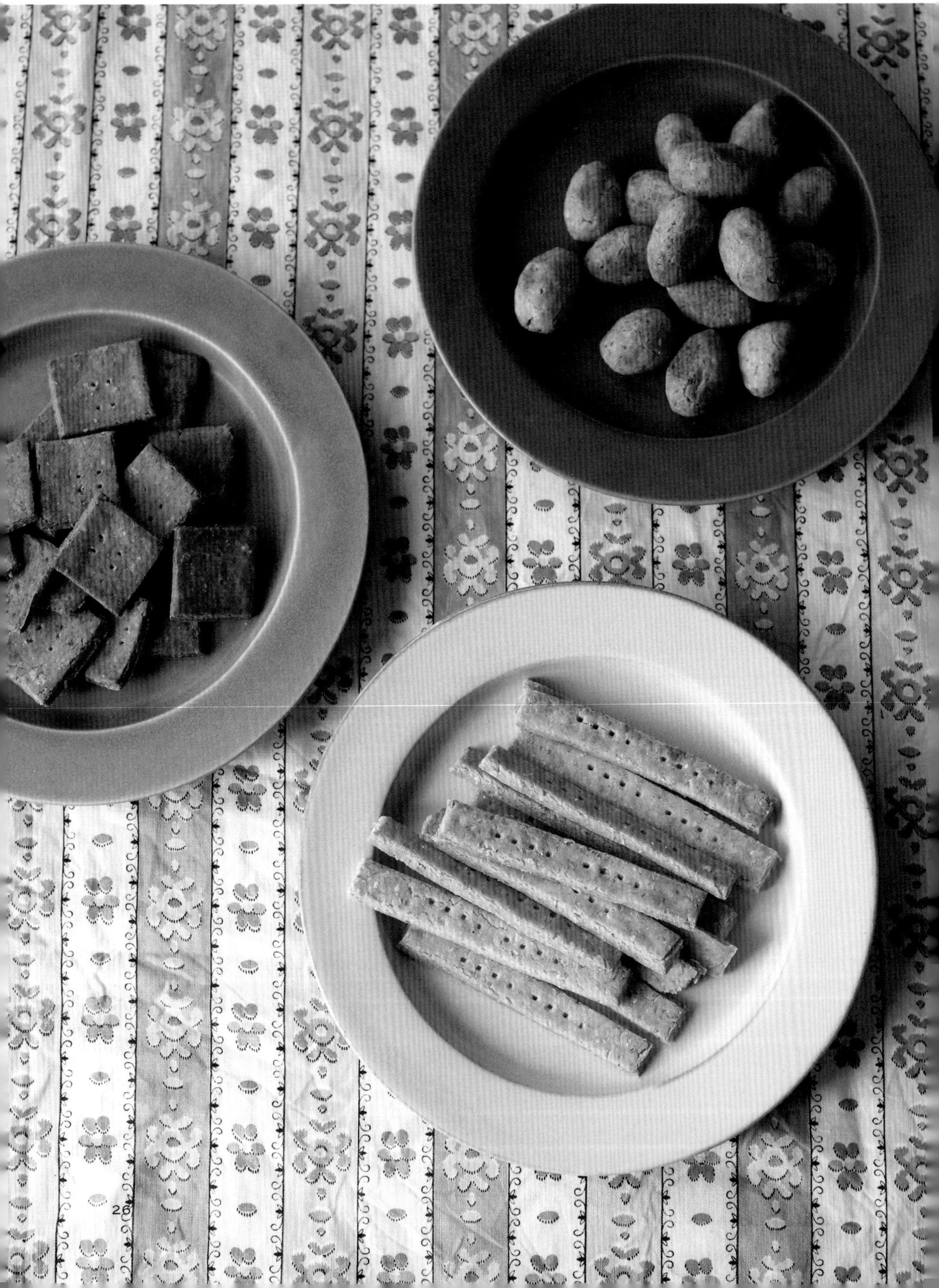

ほのかにチーズのような風味を感じるクラッカー。
スパイスを混ぜたり、ナッツを入れたり、
スナック感覚で味わうのがおすすめ。蒸し大豆を加えることで、
生地がうまくつながり、味わいにも奥行きが生まれます。

● 材料　作りやすい分量

酒粕……15g	菜種油……大さじ1
蒸し大豆……30g	塩……小さじ1/4
米粉……40g	豆乳……大さじ1強
片栗粉……5g	

● 下準備

・オーブンを
　140℃に予熱する

● 作り方

豆乳以外の材料をフードプロセッサーにかけ、細かなパウダー状にする。

豆乳を加えて、写真くらいのかたさになるまでさらに攪拌する。

生地をひとまとめにして、大きめのオーブンシートで挟み、めん棒で20×14cm、1〜2mm厚さにのばす。

1×7cm程度の棒状に切ってオーブンシートごと天板にのせ、フォークで数カ所に穴をあける。140℃のオーブンで15〜20分焼く。まだやわらかいようなら、オーブンにそのまま放置し、余熱でさらに火を通す。

カレー味の酒粕クラッカー

作り方1でカレー粉小さじ1/2を加える。作り方2、3は同様に、作り方4で生地を2cm四方に切り、フォークで穴をあけ、同様に焼く。

アーモンドの酒粕クラッカー包み

作り方3で生地をのばしたあと、20等分に切り分け、アーモンドを1粒ずつ中心にのせて包む。140℃のオーブンで20分焼く。

飴色玉ねぎのミニパイ

じっくりじっくり炒めた、玉ねぎをのせるだけ。
味つけは、塩、こしょうのみですが、奥深いうまみを感じます。
酒粕クラッカーのほどよい塩気が、玉ねぎの濃厚な甘さとマッチ。

● 材料　直径5cmのミニパイ12枚分
酒粕クラッカーの生地(p.27参照)……全量
玉ねぎの薄切り……250g
菜種油……小さじ1
塩……少々
こしょう……少々
タイム(ドライ・あれば)……適量
タイム(フレッシュ・あれば)……適量

● 下準備
・オーブンを140℃に予熱する

● 作り方
1　フライパンに菜種油を中火で熱し、玉ねぎを炒める。油がなじんだら塩を振り（a）、10〜15分かけて飴色になるまでじっくりと炒める。
2　酒粕クラッカーの生地を12等分にし、1〜2mm厚さの円形にのばす。天板にオーブンシートを敷いてのせ、140℃のオーブンで10分焼く。
3　一度取り出し、1を等分にのせる（b）。こしょうとタイム（ドライ）を振り、140℃のオーブンでさらに10分焼く。タイム（フレッシュ）をのせる。

玉ねぎを炒めるときに少量の塩を入れると、水気が効率よく抜け、色づきも早い

濃い茶色になるまで炒めた玉ねぎをのせ、さらにオーブンで焼き上げて香ばしく

塩麹のほどよい塩気がアクセントになる、サクサクとしたクラッカーです。
豆乳の代わりに、野菜のすりおろしを加えてフレーバーを楽しむのもおすすめ。
野菜それぞれの味わいと風味が、口の中にふわっと広がります。

● 材料　作りやすい分量

塩麹……小さじ1	片栗粉……20g
米粉……100g	菜種油……大さじ3
アーモンドプードル	豆乳……大さじ4〜
……30g	

● 下準備
・オーブンを
　140℃に予熱する

● 作り方

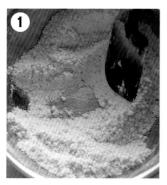

❶ 豆乳以外の材料をボウルに入れ、混ぜる。

❷ 1に豆乳を大さじ4加えてまとめる。まとまらないようなら少しずつ足し、ようやくひとまとまりになる程度のかたさにする。

❸ 生地をひとまとめにして、大きめのオーブンシートで挟み、めん棒で2〜3mm厚さにのばす。水分量の少ない生地でのばしづらいので、半量ずつ分けてのばすとやりやすい。

❹ 正方形に切り、フォークで穴をあける。オーブンシートごと天板にのせ、140℃のオーブンで20〜25分焼く。生地がまだやわらかいようなら、オーブンにそのまま放置し、余熱でさらに火を通す。

里いもの
塩麹クラッカー

豆乳を里いものすりおろし150gに置き換える。作り方2では、まず里いもの8割量120g程度を混ぜ、生地の様子を見て足していく。作り方3は同様に、作り方4で生地を丸型で抜き、同様に焼く。

にんじんの
塩麹クラッカー

豆乳をにんじんのすりおろし150gに置き換える。作り方2では、まずにんじんの8割量120g程度を混ぜ、生地の様子を見て足していく。作り方3は同様に、作り方4で生地を三角形に切り、同様に焼く。

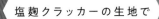

タルトタタン

やさしい甘さの米飴で、
りんごをこっくりと色濃く煮詰めました。
カラメルのほんのりした苦みとりんごの甘酸っぱさを、
サクサクのクラッカー生地がしっかりと支えます。

● 材料　直径15cmの丸型1台分

塩麹クラッカーの生地（p.31参照）……半量

りんご……700g

　（芯と種を取り除いた状態で）

菜種油……大さじ1

米飴……70g

塩……ひとつまみ

● 下準備

・型にオーブンシートを敷く

・オーブンを160℃に予熱する

● 作り方

1　りんごは皮ごと8等分のくし形切りにする。

2　鍋に菜種油をひき、米飴を入れて中火にかける。鍋を回しながら、大きな泡がぶくぶくと立ち、濃い茶色になるまで温める（**a**）。とろりと固まってきたら、**1**を加えてさっと混ぜる。塩を振り、ふたをしてりんごがしんなりするまで煮る。

3　固まった飴が溶けたらふたを取り、中火にかけてしっかり水分を飛ばす。

4　米粉（分量外）をはたいた台の上で、塩麹クラッカーの生地を直径16cm程度にのばす。

5　型に**3**のりんごを隙間のないようにバランスよく敷き詰め、鍋に残った米飴も残さず加える（**b**）。

6　**5**の上から**4**の生地をふたをするようにのせる。余った生地は型に沿って折り上げるようにする（**c**）。生地全体にフォークで穴をあけ、160℃のオーブンで45分焼く。焼き上がったら冷まし、上下逆さまにして器に盛る。

型にりんごを敷き詰めたら、鍋に残ったりんごの風味が移った米飴も忘れず加える

米飴をカラメル状にするときはかき混ぜず、焦げが心配なら鍋を回す

おいしさを逃がさないように端の余った生地は密閉するように折り上げておく

甘酒カヌレ

独特のむっちりした食感は、材料をていねいに練ることで生まれます。
甘酒ならではの穏やかな甘みで、後味もどこか淡く、
軽やかに仕上げています。

● 材料　直径約5cmのカヌレ型3個分

2倍濃縮甘酒……100g
豆乳……120ml
菜種油……大さじ1/2
塩……ひとつまみ
米粉……45g
片栗粉……15g

● 下準備
・米粉と片栗粉を混ぜ合わせておく
・型の内側に菜種油（分量外）を塗る
・オーブンを200℃に予熱する

● 作り方

1　鍋に甘酒と豆乳を入れ、中火にかける。沸騰したら弱火にし、2分ほど火にかける。

2　1に菜種油と塩を加え、よく混ぜ合わせる。

3　2に混ぜ合わせた米粉と片栗粉を加え、弱火にかける。ゴムべらで絶えず混ぜながら練り、生地が少し透き通ってぷりんとしてきたら、火から下ろして軽く混ぜる。

4　型に3の生地を空気が入らないように入れ、200℃のオーブンで25〜30分焼く。

甘酒グラノーラ

米粉を使ったグラノーラは、カリッと香ばしいおいしさです。
豆乳をかけるのはもちろん、そのまま食べるのもおすすめ。
甘酒の甘みが口の中にじんわりと広がっていきます。

● 材料　作りやすい分量

A │ 2倍濃縮甘酒……60g
　│ 菜種油……大さじ2
　│ 塩……小さじ 1/2

B │ オートミール……50g
　│ くるみ(無塩・粗く刻む)……30g

米粉……50g

● 下準備
・オーブンを140℃に予熱する

● 作り方

1　ボウルに**A**を入れ、よく混ぜる。**B**を加えて
　さらに混ぜる。

2　**1**に米粉を加えて混ぜ、ポロポロのそぼろ状
　にする。

3　天板にオーブンシートを敷き、**2**を広げ、
　140℃のオーブンで10分焼く。全体を混ぜ、
　また広げてさらに140℃で10分焼く。カリッ
　と仕上がっていないようなら、オーブンにそ
　のまま放置し、余熱で火を通す。

酒粕ドライフルーツケーキ

ドライフルーツやナッツがたっぷり。
酒粕のうまみを主役にした、どっしりとしたケーキです。
ほんのひとかけ口にするだけで、
エネルギーが満ちてくるような、力強いおいしさです。

● 材料　20×4×高さ5cmのパウンド型1台分

A 酒粕……50g
　　豆乳……80mℓ
　　菜種油……大さじ2
　　塩……ひとつまみ

B プルーン、いちじく（ドライ）……各50g
　　レーズン……40g
　　くるみ、カシューナッツ
　　　（ともに無塩）……各30g
　　ドライチェリー……20g

そば粉……40g

● 下準備

・型にオーブンシートを敷く
・オーブンを180℃に予熱する

ドライフルーツとナッツは、
酒粕ペーストで和えてしば
らくおき、香りを移す

● 作り方

1　Aをフードプロセッサーにかけ、なめらかに
　する。

2　1をボウルに移し、Bを加えてよく混ぜ合わ
　せ（a）、1時間ほどおく。そば粉を加えてさ
　っくりと混ぜる。

3　型に2を流し込み、平らにならす。アルミホ
　イルをかぶせ、180℃のオーブンで30分、ア
　ルミホイルをはずしてさらに10分焼く。

37

塩麹バナナクッキー

口の中にふわりと広がるバナナの甘み。
塩麹のほのかな塩気が、その甘みを際立たせます。
オートミールとくるみのカリカリした歯ざわりも、
食感に楽しいリズム感を生み出します。

● 材料　直径8cmのもの8枚分

A｜ 塩麹……小さじ1と1/2
　｜ バナナ……90g
　｜ （皮をむいた状態で）
　｜ 菜種油……大さじ2

くるみ（無塩）……20g
オートミール……80g
米粉……45g

● 下準備
・オーブンを160℃に予熱する

● 作り方

1 ボウルにAを入れ、バナナをフォークの背で
　つぶしながら混ぜ合わせる。

2 くるみは半量をできるだけ細かく刻む。残り
　半量は粗く刻む。

3 1にオートミールと2のくるみを混ぜ、さら
　に米粉を加えてひとまとめにする。

4 天板にオーブンシートを敷き、3を8等分に
　してのせる。スプーンの背を使って、7〜8
　mm厚さに広げる。

5 160℃のオーブンで20分焼き、オーブンにそ
　のまま放置し、余熱で火を通す。

エナジーバー感覚の栄養たっぷりのおやつ。
水分は、おからとさつまいもから、甘みもさつまいもとレーズンだけ。
噛むほどに素材の力を感じる、パワーあふれるおいしさです。

塩麹おからバー

● 材料　約10本分
A ┃ 塩麹……小さじ1
　 ┃ オートミール……50g
　 ┃ おから(生)……50g
　 ┃ 菜種油……大さじ1
　 ┃ アーモンドプードル……20g

さつまいも……70g
レーズン(みじん切り)……20g

米粉……適量

● 下準備
・オーブンを160℃に予熱する

● 作り方
1　さつまいもは皮ごと2cm厚さの輪切りにし、
　　やわらかくなるまで蒸す。フードプロセッ
　　サーにかけてペースト状にし、一度取り出す。

2　Aをフードプロセッサーにかけ、パウダー状
　　にする。レーズンを加え、さらに混ぜる。

3　2をボウルに移し、1のさつまいものペース
　　トを加えてひとまとめにする。まとまらない
　　ようなら少量の水を足し、やわらかいような
　　ら米粉を足す。

4　米粉をはたいた台の上で3の生地をめん棒
　　で1cm厚さ、15×10cm程度の長方形にのば
　　す。端から1〜1.5cm幅に切り分け、フォー
　　クで穴をあける。

5　天板にオーブンシートを敷き、4を並べ、
　　160℃のオーブンで15〜20分焼く。オーブ
　　ンにそのまま放置し、余熱で火を通す。

コラム
1

簡単
おやつ

簡単なのに、
しっかり手をかけた味。
深い味わいを持つ、
発酵スイーツだからこそです。

甘酒チョコフォンデュ

甘酒と豆腐で作る、さらりと軽やかなチョコフォンデュ。
旬のフルーツをたっぷり添えて。

● 材料　作りやすい分量

A｜2倍濃縮甘酒……150g
　｜ココア……20g
　｜木綿豆腐……20g
　｜豆乳……50ml
　｜菜種油……大さじ1/2
　｜塩……ひとつまみ

季節のフルーツ、
甘酒ビスケット
（p.16参照）
……お好みで

● 作り方

1　Aの材料を合わせてフードプロセ
　　ッサーにかけ、なめらかなペース
　　ト状にする。

2　鍋に1を入れて中火にかけ、沸
　　騰したら火を止める。

3　器に盛り、食べやすく切ったフル
　　ーツや、甘酒ビスケットを添える。

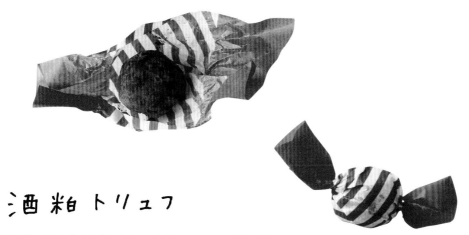

酒粕トリュフ

酒粕のほろ苦さが、まさに高級チョコレートの趣。
甘さはドライフルーツでこっくりと。

● 材料　直径3cmのもの20個分

酒粕……40g
水……40mℓ

A｜デーツ（またはプルーン）……80g
　｜ココナッツオイル……100g
　｜ココア……20g

● 作り方

1　鍋に酒粕と水を入れ、中火にかける。沸騰し
　　たら弱火にし、2～3分沸かしてアルコール
　　分を飛ばす。

2　1にAを加えて混ぜる。

3　2をフードプロセッサーにかけて攪拌し、な
　　めらかにする。適当な大きさに丸め、ココア
　　（分量外）をまぶし、バットなどに並べて冷
　　蔵庫で冷やす。

＊冷えると固まり、温かいと
やわらかくなるので、湯煎ま
たは冷蔵庫を上手に使いなが
ら作業するとよい。

甘酒 ホットク

白玉粉入りの生地だから、食べ応えあるもっちり食感。
こんがり焼いて香ばしさもプラス。

● 材料　3個分

2倍濃縮甘酒……60g
くるみ（無塩・粗く刻む）
　　……15g
シナモンパウダー
　　……小さじ1/2

A　白玉粉……20g
　　片栗粉……10g
　　塩……ひとつまみ
　　ぬるま湯……20mℓ

B　米粉……40g
　　熱湯……30mℓ

菜種油……適量

● 作り方

1　鍋に甘酒を入れ、中火にかける。半分くらい
　　に煮詰まったら、くるみ、シナモンパウダー
　　を加えて混ぜる。

2　ボウルにAの白玉粉、片栗粉、塩を入れて
　　さっと混ぜ、ぬるま湯を少しずつ加えて耳た
　　ぶ程度のかたさになるまで練る。

3　別のボウルにBを入れて最初はゴムべらで
　　混ぜ、手で触れる程度の熱さになったらひと
　　つにまとめる。

4　3を2のボウルに入れて練り合わせる。3等
　　分にし、手のひらで1〜2mm厚さの円形にの
　　ばす。中心に1をのせて包み、平たい丸形
　　にする。

5　フライパンに菜種油を薄くひき、中火にかけ
　　る。4を閉じ目を下にして並べ、弱火で、上
　　下を返しながら軽く押しつけるようにして、
　　両面がきつね色になるまで焼く。

PART.
2

和菓子

小豆と米麹を発酵させて作る「麹あんこ」。砂糖たっぷりのあんことは違った、軽やかなおいしさです。この麹あんこを使って、さまざまな和菓子を作ってみました。ほかにも甘酒でういろうやおしるこ、酒粕を使った果物の白和えなど、和の香りただよう、上品なお菓子を紹介します。

麹あんこ

砂糖は入れていないのに、ほんのり甘い味わい。
米麹の力で、小豆のでんぷんが糖に変わるのです。
ほくほくと、豆のおいしさを
そのまま味わえるあんこは、あんみつをはじめ、
いろいろな手作り和菓子に応用できます。

麹あんこで

白玉抹茶あんみつ

抹茶フレーバーの寒天のほのかな苦みと、
麹あんこのやさしい甘さのコンビネーション。
米飴で作る蜜にも抹茶を混ぜ込んで、
ちょっと大人のあんみつが完成しました。

● 材料　作りやすい分量
（出来上がり量・約450g）

小豆（乾燥）……1カップ
水……2カップ
熱湯……1カップ
米麹……200g
塩……ひとつまみ

● 作り方

① 小豆は洗ってざるにあげ、水を
きる。圧力鍋に入れ、水を加え
てふたをし、中火にかける。圧
力がかかったら、弱火で20分
炊き、火を止めて10分蒸らす。
圧力が抜けたら、常温に冷ます。

② 1の圧力鍋に熱湯を加えて混ぜ
る。炊飯器の内釜に移し、手で
ほぐした米麹を加えてひと混ぜ
する。

③ ほこりなどが入らないようふき
んをかぶせて「保温」にセット
して10〜15時間おく。

④ 3を鍋に移し、塩を振る。中火
にかけ、ゴムべらで水分を飛ば
しながら練る。ある程度水分が
飛んだら弱火にし、鍋底にあん
こがくっつくようになるまで10
分ほどかけて練り上げる。

＊冷蔵で1〜2日、冷凍で2週間
保存可能

白玉抹茶あんみつ

● 材料　3人分
麹あんこ……180g

A｜粉寒天……小さじ1と1/2
　｜抹茶パウダー
　｜　……小さじ1/2
　｜水……1と1/2カップ

（抹茶蜜）
米飴……40g
抹茶……小さじ1/2
水……小さじ1

白玉団子（p.69参照）……6個

● 作り方
1 抹茶寒天を作る。鍋にAを
入れてよく混ぜ合わせ、中火
にかける。木べらでよく混ぜ、
沸騰したら流し缶（8×12×
高さ4.5cm）に流し込む。
2 1を氷水を張ったバットの
上に置いて急冷する。固まっ
たら1cm角に切る。
3 抹茶蜜を作る。抹茶を水で
溶く。米飴を加え、よく混ぜ
合わせる。
4 器に2の寒天を盛って白
玉団子、麹あんこをのせ、3
の抹茶蜜をかける。

45

いちご大福

麹あんこを使った2種類のもち菓子。
いちご大福の生地はやわらかく、
春菊の草もちは歯切れよく仕上げています。
どちらも麹あんこにぴったりのおもちです。

春菊の草もち

46

いちご大福

● 材料　4個分

A ┃ 2倍濃縮甘酒……20g
　┃ 塩……ひとつまみ
　┃ 水……50ml

B ┃ 白玉粉……40g
　┃ 米粉……30g

麹あんこ（p.45参照）……80g
いちご……4個
片栗粉……適量

● 作り方

1　Aを鍋に入れて火にかけ、沸騰したら火を止め、粗熱を取る。

2　ボウルにBを入れ、1を加えてよくこねる。水分が足りないようなら水を加え、耳たぶ程度のかたさになるまでよく練る。

3　蒸気の上がった蒸し器に水でぬらして固く絞ったさらしをのせる。2を8等分程度に分け、ぎゅっと握って（a）、重ならないように並べ（b）、30分蒸す。

4　蒸し上がったら、台の上に出し、水をつけながらひとつにまとめ、よくこねる。

5　4を4等分にし、それぞれ片栗粉をはたいた台の上でのばし、麹あんこの1/4量を包む。閉じ目を下にして置き、上部にキッチンばさみで切り目を入れ（c）、いちごを挟むように飾る。

（a）もちを小分けにして握るのは、火の通りを均一にするため。やや薄めの形にする　（b）もちは、中までしっかり火が通るように、重ならないように並べる　（c）キッチンばさみを使って切るときれい

春菊の草もち

● 材料　4個分

A ┃ 2倍濃縮甘酒……20g
　┃ 塩……ひとつまみ
　┃ 水……50ml

B ┃ 米粉……70g
　┃ 片栗粉……6g

春菊の葉……30g
麹あんこ（p.45参照）……80g

● 作り方

1　いちご大福の作り方1〜3と同様に生地を作る。

2　春菊はさっとゆで、ざるにあげて水分をよく絞り、細かく刻む。

3　蒸し上がった生地をさらしごと台の上に出し、2を生地が熱いうちに加える。水をつけながらさらしの上でひとつにまとめ（d）、手のひらの付け根を使ってよくこねて混ぜる（e・f）。

4　3を4等分にし、それぞれ片栗粉（分量外）をはたいた台の上でのばし、麹あんこの1/4量を包む。

（d）素手で混ぜると、春菊が手にくっついてなかなか混ざらないのでさらしの上から　（e）熱いうちに春菊を混ぜ込む　（f）冷めるとまとまらないので注意。春菊が全体に混ざり、ひとかたまりになればOK

麹あんこのきんつば

一面ずつ生地をつけて焼く。まずは小さな面を焼くときれいに仕上がる

市販のものだと、甘くてなかなか1個を食べきれないきんつば。
甘さ控えめの麹あんこなら、ぺろりと平らげられてしまいます。
ホットプレートを使っても、きれいに焼けます。

生地が薄いため、焦げつかせないように気をつけながら焼いていく

● 材料　8×12×高さ4.5cmの流し缶1個分

麹あんこ（p.45参照）……400g

粉寒天……小さじ1

水……1/2カップ

A　米粉……大さじ4
　　片栗粉……大さじ1と1/2
　　塩……少々
　　水……大さじ3

菜種油……少々

● 作り方

1　鍋に粉寒天と水を入れ、木べらで混ぜながら中火にかける。沸騰したら麹あんこを一度に入れ、よく混ぜて火を止める。

2　1を素早く流し缶に流し込む。冷蔵庫に入れ、冷やし固める。

3　2がしっかり固まったら、縦に2等分、横に4等分にし、8等分に切り分ける。

4　ボウルにAを入れ、混ぜ合わせる。

5　フライパンを弱火で熱し、菜種油を薄くひく。4の生地に一面ずつ3をひたし（a）、生地が乾いて固まる程度にさっと焼く。すべての面を順に焼いていく（b・c・d）。途中、焦げがつくようになったら一度ペーパータオルで焦げを取り除き、油を薄くひいて続ける。

焦げがつくようになったら、ペーパータオルで焦げを取り除き、薄く油をひく

最後に大きな面を焼き上げたら完成

甘酒ういろう

もっちりとしたういろうも、実は家で作れるのです。
甘酒を使えば、甘さもほどよく、上品な味わい。
手軽なアレンジには、抹茶をプラス。おもてなしのお茶菓子にも重宝です。

● 材料　8×12×高さ4.5cmの流し缶1個分

A ┊ 2倍濃縮甘酒……120g
　 ┊ 水……大さじ4
　 ┊ 塩……少々

米粉……40g
片栗粉……5g

● 作り方

1 鍋にAを入れ、中火にかける。沸騰したら
　火を止め、冷ます。

2 ボウルに米粉と片栗粉を入れ、1を加えて泡
　立て器でよく混ぜて、流し缶に流し入れる。

3 蒸気の上がった蒸し器に入れ、15分蒸す。
　粗熱が取れたら、食べやすく切り分ける。

甘酒抹茶ういろう

抹茶小さじ1/2を小さじ1の水で
溶き、作り方2で加える。蒸し
時間を20分にのばす。

甘酒黒ごましるこ

● 材料　2人分

A	2倍濃縮甘酒……100g
	黒練りごま……30g
	水……50㎖

豆乳……1/2カップ
塩……ひとつまみ
切りもち……2個

（水溶き片栗粉）
片栗粉小さじ1 ＋ 水小さじ1

● 作り方

1　Aをフードプロセッサーにかけ、ペースト状にする。さらに豆乳を加えて攪拌する。

2　1を鍋に移して中火にかけ、温まったら塩を加える。水溶き片栗粉を加えて混ぜ、とろみをつける。

3　切りもちは半分に切って焼く。

4　器に2を盛り、3を入れる。

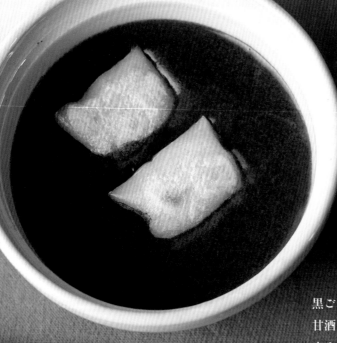

黒ごまと豆乳で、コク＆まろやかさを。
甘酒さえあれば、すぐに作れる手軽さです。
するするとのどを通り、最後の一滴まで
体にしみわたる、滋味深いおしるこです。

おやつにも、そして洒落た箸休めとしても
覚えておきたい、上品なひと皿です。
豆腐は水きりをせず、みずみずしさを生かして。
いちごや梨など、旬を迎えた好みの果物でどうぞ。

柿の甘酒白和え

●材料　2人分

A｜2倍濃縮甘酒……20g
　　木綿豆腐……30g
　　白みそ……小さじ1

柿……150g（小1個）

●作り方

1　すり鉢にAを入れ、すりこぎでつぶ
　　しながら混ぜる。
2　柿は半分に切り、皮をむいてヘタと
　　種を取り除き、1cm厚さに切り、1
　　で和える。

懐かし おやつ

口にすると、
まるで昔に戻ったみたい。
ホッと心安らぐ
おなじみのおやつを再現しました。

塩麹おこし

甘辛味が絶妙なおいしさ。米飴と塩麹を
軽くカラメル状にするのが味の秘訣です。

● 材料　3×8cmのもの8個分
塩麹……小さじ1弱
米飴……50g

A ┃ 玄米フレーク……40g
　 ┃ 白いりごま……小さじ1
　 ┃ 青のり……小さじ1/2

● 作り方
1　Aをボウルに合わせる。
2　鍋に塩麹と米飴を入れ、中火にかける。沸騰
　　したら弱火にし、鍋をときどきゆすりながら
　　温め、大きな泡がぶくぶくと立ったら火を止
　　める。すぐに1を加えて木べらでさっと混
　　ぜ合わせる。
3　粗熱が取れたらオーブンシートの上に出し、
　　さらにまんべんなく混ぜる。12×16cm程度
　　に広げて平らにならし、冷蔵庫で冷やす。
4　冷えて固まったら、3×8cm程度に、食べや
　　すく切り分ける。

甘酒キャラメル

口溶けのいいなめらかなキャラメル。
後味に、甘酒の風味を感じる
やさしい甘さです。

● 材料　作りやすい分量
2倍濃縮甘酒……200g
豆乳……50mℓ
菜種油……小さじ1
粉寒天……少々(小さじ1/10)

● 作り方
1　鍋にすべての材料を入れ、中火にかける。沸
　　騰したら弱火にし、ときどき混ぜながら5分
　　ほど火を通す。さらに、絶えずゴムべらで混
　　ぜながら、粘りが出るまで練り上げる。
2　1をオーブンシートに移し、1cm厚さ程度に
　　整え、冷蔵庫で冷やす。固まったら好みの大
　　きさに切り分ける。

塩麹酢昆布

お茶請けにぴったりな、しょっぱいおやつ。
塩麹と昆布が生み出す、ダブルのうまみ。

● 材料　2人分
塩麹……小さじ1/2
早煮昆布(乾燥)……10g
酢……小さじ2
水……50mℓ

● 作り方
1　昆布は5分ほど水(分量外)に
　　ひたし、やわらかくもどして1
　　×5cm程度に切る。
2　鍋にすべての材料を入れ、弱火
　　にかける。水分がなくなるまで
　　煮含めたら、バットなどに重な
　　らないように並べて冷ます。

ごゆっくり……

PART.
3

冷たいお菓子

牛乳、卵、砂糖がなくても、おいしいアイスクリームやプリン、ババロアが作れます。ものたりなさは、かけらもなし。むしろ自然の甘みを存分に楽しめる仕上がりで、体をやさしくいたわってくれます。暑い季節はもちろん、冬でも食べたい極上のスイーツです。

甘酒きなこアイス

おもな材料は甘酒と豆腐。
乳製品も砂糖も不使用なのに、
食感も味わいも完璧なアイスクリームの完成です。
ひとさじ食べるごとに甘酒ならではの
やさしい甘さに癒やされます。

作り方 → P.60

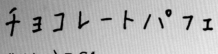

チョコレートパフェ

作り方 → P.61

甘酒きなこアイスで

きなこパフェ

作り方 → P.61

麹あんこやグラノーラ、寒天と組み合わせて、ヘルシーな和パフェに。
チョコレートアイスのパフェには、相性のいいバナナをトッピング。
混ぜて食べてもとってもおいしい!

甘酒きなこアイス

● 材料　作りやすい分量

2倍濃縮甘酒……160g

A ┤ 木綿豆腐……80g
　　菜種油……20g
　　きなこ……小さじ1

● 作り方

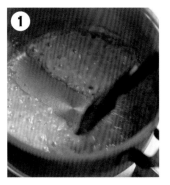

1
鍋に甘酒を入れて中火にかける。焦げないようにゴムべらで絶えず混ぜながら、8割ほどの量になるまで煮詰める。

2
フードプロセッサーに**1**と**A**を入れて攪拌し、なめらかなペースト状にする。

3
ジッパーつき保存袋（バットでもよい）に移し、冷凍庫で9割ほど凍らせる。

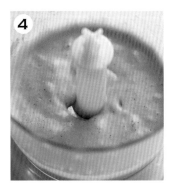

4
3が9割ほど固まったところで、再びフードプロセッサーにかけてなめらかにし、ジッパーつき保存袋に戻してさらに冷凍庫で凍らせる。食べるとき、きなこ（分量外）をかける。

甘酒チョコレートアイス

きなこをココアパウダー小さじ2に置き換え、同様に作る。

子どもも大好き！

きなこパフェ

● 材料　2個分

甘酒きなこアイス（p.60参照）……適量
甘酒グラノーラ（p.35参照）……適量
甘酒クリーム（下記参照）……全量
麹あんこ（p.45参照）……40g
寒天（下記参照）……全量

● 作り方

1　器に甘酒グラノーラ、寒天、甘酒ク
リームの順に盛りつけ、仕上げに甘
酒きなこアイスと麹あんこをのせる。

チョコレートパフェ

● 材料　2個分

甘酒チョコレートアイス（p.60参照）……適量
甘酒グラノーラ（p.35参照）……適量
甘酒チョコレートクリーム（下記参照）……全量
バナナ（スライス）……4切れ
寒天（下記参照）……全量

● 作り方

1　器に甘酒グラノーラ、寒天、甘酒チョコ
レートクリームの順に盛りつけ、甘酒
チョコレートアイスとバナナを2切れず
つのせる。

甘酒クリーム

● 材料　作りやすい分量（出来上がり量・約160g）

2倍濃縮甘酒……90g

A　豆乳……90mℓ
　　米粉……小さじ2

● 作り方

1　鍋に甘酒を入れ、中火にかける。沸騰
したら火から下ろし、粗熱を取る。
2　1にAを加える。再び弱火にかけてゴ
ムべらで混ぜながら火を通し、なめらかな
クリーム状に仕上げて粗熱を取る。
＊冷蔵で2〜3日保存可能

甘酒チョコレートクリーム

甘酒クリームの作り方2でAを加える際に、
ココアパウダー小さじ2を一緒に加える。

寒天

● 材料　パフェ2個分

粉寒天……小さじ1/2
水……130mℓ

● 作り方

鍋に材料を入れて中火にかけ、沸騰したら小
さめのバットに流し込む。粗熱が取れたら冷
蔵庫に入れて冷やし固め、1cm角に切る。

甘酒ゆずソルベ

甘酒桃ソルベ

フルーツと甘酒を混ぜ合わせるだけの
簡単ソルベは、やさしい甘さが楽しめる繊細な味。
酒粕とパイナップルは相性がよく、
カクテルの「ピニャコラーダ」のような大人の味わい。

酒粕
パイナップル
ソルベ

甘酒ゆずソルベ

●材料　作りやすい分量

2倍濃縮甘酒……250g

A｜ ゆずの搾り汁……大さじ1/2
　｜ ゆずの皮……少々

●作り方
1　甘酒をバットなどに入れ、冷凍庫でひと晩かけて凍らせる。
2　1とAをフードプロセッサーに入れ、なめらかになるまで攪拌し、ジッパーつき保存袋やバットに移し、冷凍庫で凍らせる。食べるとき、ゆずの皮（分量外）をすりおろしてかける。

甘酒桃ソルベ

●材料　作りやすい分量

2倍濃縮甘酒……100g

桃……150g
　（皮と種を取り除いた状態で）

レモン汁……小さじ1/2

●作り方
1　桃はひと口大に切る。
2　すべての材料を合わせてフードプロセッサーに入れ、なめらかになるまで攪拌する。ジッパーつき保存袋やバットに移し、冷凍庫で凍らせる。
3　2が9割ほど固まったところで、再びフードプロセッサーにかけてなめらかにし、ジッパーつき保存袋やバットに戻して、さらに冷凍庫で凍らせる。

酒粕パイナップルソルベ

●材料　作りやすい分量

酒粕……40g

パイナップル……200g
　（皮と芯を取り除いた状態で）

●作り方
1　パイナップルはひと口大に切る。
2　1と酒粕をフードプロセッサーに入れ、なめらかになるまで攪拌する。ジッパーつき保存袋やバットに移し、冷凍庫で凍らせる。
3　2が9割ほど固まったところで、再びフードプロセッサーにかけてなめらかにし、ジッパーつき保存袋やバットに戻して、さらに冷凍庫で凍らせる。
　＊アルコールに弱い方やお子さんは、酒粕に同量の水を加えて火にかけ、弱火で2〜3分練ってから使ってください。

● 材料　5個分(各約100㎖)
2倍濃縮甘酒……200g
いちご……130g
豆乳……130㎖
粉寒天……小さじ1

A┃木綿豆腐……100g
　┃サラダ油……大さじ2
いちご(飾り用)……適量

● 下準備
甘酒をフードプロセッサーにかけ、ペースト状にする

● 作り方
1　Aをフードプロセッサーにかけ、なめらかなペースト状にする。飾り用に大さじ1ほど取り分けておく。
2　1にいちごを加えて攪拌し、さらになめらかなペースト状にする。
3　鍋にペースト状にした甘酒と豆乳、粉寒天を入れ、中火にかける。沸騰したら火を止めて温かいうちに2を加え、フードプロセッサーで攪拌する。
4　全体が混ざったらすばやく器に流し込み、冷蔵庫で冷やし固める。食べる直前に皿に出し、1で取り分けたペーストと、飾り用に小さく切ったいちごをのせる。

甘酒いちごババロア

愛らしいたたずまいのババロアは、
豆腐ベースでなめらかな食感。
果物のフレッシュな味わいを最大限に引き出せるのは、
やさしい甘さの甘酒だからこそなのです。

甘く煮た豆類や果物と、
ココナッツミルクを組み合わせた
ベトナムのスイーツ「チェー」。
豆の味わいをストレートに楽しめる
麹あんこがあれば、こんなに簡単に作れます。

甘酒のチェー

● 材料　グラス2個分

A ｜ 2倍濃縮甘酒……200g
　　｜ ココナッツミルク……80mℓ
　　｜ 豆乳……80mℓ

タピオカ(乾燥)……大さじ3
バナナ……1本
麹あんこ(p.45参照)……60g
ミント(あれば)……適量

● 作り方

1　Aをフードプロセッサーにかける。
2　タピオカは袋の表示通りにゆで、水
　　気をきる。
3　バナナは1cm厚さの輪切りにする。
4　背の高いグラスに、タピオカ、バナ
　　ナを入れて麹あんこをのせ、1を注
　　ぎ、ミントを飾る。

カラメルソースにしょうゆの塩気を足すことで、
さつまいも甘酒の自然な甘さがいっそう引き立ちます。
その味わいは、たとえるならみたらし団子。
素朴でおいしい和のプリンです。

さつまいも甘酒プリン

A

● 材料　プリン型4〜5個分

A｜さつまいも甘酒
　　（下記参照）……250g
　　豆乳……130ml
　　木綿豆腐……25g
　　サラダ油……大さじ1/2
　　粉寒天……小さじ1
　　水……80ml

（カラメルソース）
米飴……30g
水……45ml
しょうゆ……小さじ1/6

● 作り方

1　Aをフードプロセッサーにかけ、ペースト状にする。

2　鍋に1を入れ、ゴムべらでかき混ぜながら中火にかける。沸騰したら火を止め、型に等分に流し入れて、冷蔵庫で冷やし固める。

3　カラメルソースを作る。水としょうゆを合わせておく。

4　鍋に米飴を入れ、中火にかける。大きな泡がぶくぶくと立ち、濃い茶色になったら（a）、3を一度に入れ、ゴムべらで均一になるように混ぜながらとろみがつくまで火を入れる（b）。途中、焦げそうなら火を弱める。

5　冷えて固まった2に4をかける。

(a)写真くらいの泡の大きさと色が目安　(b)鍋底にゴムべらで筋が描ける程度までとろみがつけばOK

さつまいも甘酒

● 材料　作りやすい分量（出来上がり量500g）
さつまいも……300g
米麹……100g
熱湯……1と1/2カップ

● 作り方

さつまいもは1cm厚さの輪切りにし、やわらかくなるまで蒸す。皮ごと粗くつぶし、常温まで冷ます。

炊飯器の内釜に1を入れ、熱湯を注ぐ。

手でほぐしながら米麹を加えてひと混ぜし、ほこりなどが入らないようふきんをかぶせ、「保温」にセットする。ふたをせずに10〜15時間おく。

清潔な容器に入れ、冷蔵で3日間保存可能（1日で使いきらない場合は、一度沸騰させて発酵を止めておくこと）。冷凍で1カ月保存可能

うまみの濃い上質な酒粕は、
どこか果物に似た華やかな風味を持っています。
いちじくのまったりとした甘さと合わせると、
シンプルながらちょっと贅沢な味わいに。

いちじくの酒粕コンポート

● 材料　3個分

いちじく……3個(270g)
酒粕……30g
水……1/3カップ
塩……ひとつまみ

● 作り方

1　酒粕と水を鍋に入れ、10分ほどおいて
　なじませる。
2　いちじくは半分に切る。
3　1の酒粕が溶けたら、2を並べ入れて塩
　を振る。ふたをして弱火で10分ほど煮
　る。火を止めて粗熱を取り、冷蔵庫で冷
　やす。

果物に、塩麹？　ちょっと意外にも感じますが、
これが不思議と絶妙なのです。
たとえるなら、「すいかに塩」のコンビネーション。
果物の自然な甘みを、最大限に引き出します。

● 材料　2人分

A｜　塩麹……小さじ1/2
　　りんごジュース（果汁100％のもの）
　　　……150㎖
　　レモン汁……小さじ1/2

りんご……1/6個
バナナ……1/2本
みかん……1個

（白玉団子）
白玉粉……40g
塩……少々
水……適量（40㎖弱）

● 作り方

1　りんごとバナナはひと口大に切る。みか
　んは薄皮をむく。

2　白玉団子を作る。ボウルに白玉粉と塩を
　入れ、水を少しずつ加えながら耳たぶ程
　度のかたさになるまでこねる。鍋に湯を
　沸かし、直径3㎝程度に丸めて入れる。
　浮いてきたら取り出し、氷水に移して冷
　ます。

3　ボウルにAを合わせて入れ、1と2を
　加えて混ぜ合わせる。

塩麹のフルーツポンチ

甘酒 アレンジ ドリンク

気持ちをゆったり和ませてくれる、
ほのかに甘いドリンク。
ちょっと小腹がすいたときに。

甘酒ココア

甘酒と豆乳に、ココアのかすかな苦みを足して。
子どもはもちろん、大人も楽しめます。

● 材料　2 ~ 3人分
2倍濃縮甘酒……1カップ
ココア、水……各大さじ2
豆乳……2カップ

● 作り方
1　鍋にココアと水を入れて混ぜ、
　　ココアを溶かす。甘酒を加えて
　　弱火にかけ、練る。
2　豆乳を加えてよく混ぜ、温まっ
　　たら器に注ぐ。

甘酒チャイ

スパイスも、甘酒が一緒なら
やさしい味わい。
しょうがを加えて、
体を内側から温めます。

● 材料　2 ~ 3人分
2倍濃縮甘酒……1カップ

A　カルダモン(つぶす)……3 ~ 4粒
　　クローブ(つぶす)……5 ~ 6粒
　　豆乳……1カップ
　　水……1と1/2カップ
　　しょうが(薄切り)……5g
　　紅茶の茶葉……5g

シナモンパウダー……少々

● 作り方
1　鍋にAを入れて中火にかけ、
　　沸騰したら弱火にし、10分ほ
　　ど煮出す。
2　1をざるでこし、液体だけ鍋に
　　戻し入れる。甘酒を加えて温め、
　　器に注ぎ、シナモンパウダーを
　　振る。

おつまみ風おやつ

酒粕がチーズ味になったり、塩麹からさきい
かやチータラを作ったり。楽しいスナックは
子どものおやつだけでなく、小腹がすいたと
きや大人のおつまみにもぴったりです。あと
引くおいしさは、発酵のうまみのおかげ。新
しい味の世界をぜひ体験してください。

酒粕クリームチーズ風
ディップ
作り方 → P.74

酒粕6Pチーズ風
作り方 → P.74

甘酒ピーナッツみそ

作り方 → P.75

ナッツの塩麹焼き

作り方 → P.75

酒粕クリームチーズ風 ディップ

ドライフルーツの自然な甘みと、ナッツの心地よい歯ざわり。
酒粕の香りがふわりと広がるディップです。
仕上げにかけるレモンの皮が、さわやかさをプラスします。

● 材料　作りやすい分量

A 酒粕……50g
　豆乳……50ml
　塩……ひとつまみ

B 木綿豆腐……90g
　菜種油……大さじ1

アプリコット（ドライ）……40g
レーズン……30g
くるみ（無塩）……30g
レモンの皮（すりおろす）……1/2個分

● 作り方

1 鍋にAを入れて中火にかけ、沸騰したら弱火にし、木べらで3分ほど練る。

2 Bをフードプロセッサーにかけ、ペースト状にする。

3 アプリコット、レーズン、くるみは粗みじん切りにする。

4 1の粗熱が取れたら、2を加えて混ぜ合わせ、全体がなじんだら3とレモンの皮を加えて混ぜ合わせる。保存容器に入れて冷蔵庫で半日ほどおき、さらになじませる。クラッカーなどにのせていただく。

酒粕 6Pチーズ風

酒粕に油分と少しの塩気を足すと、
不思議なことに、まるでチーズの味わいになるのです。
軽やかなのに、コクはしっかり。おつまみにもおやつにもうれしいおいしさです。

● 材料　直径12cmのもの 1個分

酒粕……30g
木綿豆腐……90g
米粉……大さじ1
菜種油……大さじ1
塩……小さじ1/3
黒こしょう……ひとつまみ

● 下準備

・オーブンを160℃に予熱する

＊適当な大きさの耐熱皿がない場合は、天板にのせたオーブンシートの上で直径12cm×厚さ2cm程度に成形し、アルミホイルをかぶせて同様に焼く。

● 作り方

1 鍋に湯を沸かし、木綿豆腐をゆでる。中心まで温まったら、ふきんで包み、豆腐の2倍程度の重量の重しをのせて7割ほどの量（60～65g）になるまで水きりをする。

2 1と残りの材料を合わせてフードプロセッサーにかけ、ペースト状にする。

3 直径12cm程度の耐熱皿にオーブンシートを敷き、2を平たく広げる。アルミホイルをかぶせ、160℃のオーブンで20分、アルミホイルをはずしてさらに10分焼く。

甘酒ピーナッツみそ

ついつい手が伸びる、クセになりそうな甘辛味。
甘酒×みその発酵コンビは、やはり相性ばつぐんです。
照りが出るまでしっかり練って、なじませるのがポイントです。

● 材料　作りやすい分量
2倍濃縮甘酒……60g
ピーナッツ(皮つき、無塩)……40g
みそ……小さじ2

● 作り方
1　ピーナッツは皮つきのまま、フライパンなどでからいりする。
2　甘酒とみそを鍋に入れ、弱火にかける。木べらでかき混ぜながら、照りが出るまで5分ほど練る。
3　2に1を加え、混ぜ合わせる。

ナッツの塩麹焼き

いつものナッツをもっとおいしく。
塩だけをまぶしたときとは、味わい深さが段違い。
しょっぱさの奥にある、塩麹ならではのかすかな甘み。
それが、おいしさの秘密です。

● 材料　作りやすい分量
ミックスナッツ(無塩)……50g
塩麹……小さじ1

● 下準備
・オーブンを120℃に予熱する

● 作り方
1　材料を混ぜ合わせる。
2　天板にオーブンシートを敷き、1を重ならないように並べる。120℃のオーブンで30分焼く。

塩麹と干しえのきの
さきいか風

材料はまったく違うのに、
味わいはまさにチータラとさきいか。
塩麹の変幻自在ぶりに驚く2品です。
おやつにはもちろん、日本酒やビールなど、
お酒にもよく合います。

塩麹と高野豆腐の
チータラ風

塩麹と干しえのきのさきいか風

● 材料　作りやすい分量
塩麹……小さじ2
えのきたけ……200g

● 下準備
・オーブンを使う場合は200℃に予熱する

● 作り方
1　えのきたけは細かくほぐし、重ならない
　　ようにざるに広げて1〜3日干す（a）。
2　乾いたえのきたけに塩麹をまぶす。
3　天板にオーブンシートを敷き、2を重な
　　らないように広げ、200℃のオーブンで
　　1〜2分、ほんのり色づく程度まで焼く
　　（または500Wのオーブントースターで
　　2分焼く）。

天日に1〜3日干すと茶色
いさきいか色に。水分が抜
けて、うまみも凝縮

塩麹と高野豆腐のチータラ風

● 材料　作りやすい分量
塩麹……小さじ1と1/2
高野豆腐……2枚
片栗粉……小さじ2
菜種油……小さじ2

● 作り方
1　高野豆腐は袋の表示通りに水でもどす。
2　やわらかくもどったら、水気をしっかり
　　絞り、細い棒状に切って塩麹をまぶす。
　　さらに片栗粉もまぶす。
3　フライパンに菜種油を熱し、2を弱火で
　　さっと焼く。

酒粕 トルティーヤ チップス

メキシコのスナック「トルティーヤチップス」、
イタリア・ナポリの揚げパン「ゼッポリーニ」、
外国のおつまみに酒粕のうまみをプラス。
本場のものよりおいしいかも!?

酒粕 ゼッポリーニ

酒粕トルティーヤチップス

● 材料　作りやすい分量

コーンフラワー……70g

片栗粉……10g

A├ 酒粕……30g
 │ 塩……小さじ1/2
 └ 水……1/2カップ

米粉……適量

揚げ油……適量

＊塩麹のトマトサルサ
トマト100gと玉ねぎ20g、
香菜少々はそれぞれみじん
切りにし、塩麹小さじ1と
1/2と混ぜる。

● 作り方

1　ボウルにコーンフラワーと片栗粉を
　　入れ、よく混ぜ合わせる。

2　鍋にAを入れて軽く混ぜ、中火に
　　かける。沸騰したら1を加え、泡
　　立て器で混ぜながら弱火にかけてひ
　　と混ぜする（a）。

3　2を火から下ろし、練り上げる（b）。
　　手で触れるくらいの温度になったら、
　　手でまとめる（c）。ふきんなどをか
　　ぶせて乾燥させないようにし、粗熱
　　を取る。

4　米粉をはたいた台の上に3の生地を
　　出し、めん棒で1mm厚さにのばす。
　　ひと口大の三角形に切る。

5　揚げ油を180℃に熱し、4をカリッ
　　と揚げる。塩麹のトマトサルサをつ
　　けて食べてもおいしい。

(a)さっと混ぜればOK
(b)木べらに持ち替えて
しっかり練り上げる　(c)
グッと押しつけるように
して、ひとまとめにする

酒粕ゼッポリーニ

● 材料　作りやすい分量

A├ 酒粕……20g
 └ 水……40ml

B├ 山いものすりおろし
 │ 　　……40g
 │ あおさ……小さじ1
 └ 塩……小さじ1/2

米粉……80g

水……60ml程度

揚げ油……適量

● 作り方

1　鍋にAを入れて中火にかける。沸
　　騰したら火を止め、冷ます。

2　ボウルに1とBを入れてよく混ぜ合
　　わせ、米粉を加える。ゴムべらで混
　　ぜながら、水を少しずつ加える。ゴ
　　ムべらで持ち上げたときにゆっくり
　　落ちる程度のかたさに仕上げる（d）。

3　揚げ油を180℃に熱し、2を小さじ
　　山盛り1杯程度ずつ落とし入れ（e）、
　　きつね色になるまで揚げる。

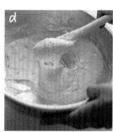

(d)ゴムべらで持ち上げ
て、ゆっくりと落ちる程
度が目安　(e)スプーン
2本を使うとやりやすい

酒粕粉チーズとじゃがいものガレット

濃厚なうまみを持つ酒粕粉チーズを、じゃがいもにからませて。
しっかり押しながら焼くことで、外は香ばしくカリカリに、中はほくほくに。
焼き上がりに、さらに酒粕粉チーズをかけてもおいしい。

● 材料　直径18cmのもの1枚分
酒粕粉チーズのもと（下記参照）……大さじ2
じゃがいも……200g
塩……小さじ1/2
黒こしょう……少々
オリーブオイル……大さじ1
イタリアンパセリ（あれば）……少々

● 作り方
1　じゃがいもは皮ごとごく細いせん切りにする。
2　ボウルに1、酒粕粉チーズのもと、塩、黒こしょうを入れて混ぜ、なじませる。
3　フライパンにオリーブオイルを中火で熱し、2を1cm厚さの平らな円形に広げる。フライ返しなどで押し固めながら焼く。
4　焼き色がついたら上下を返し、両面をこんがりと焼き上げる。器に盛り、イタリアンパセリをのせる。お好みで酒粕粉チーズ（分量外）をかけて食べてもおいしい。

酒粕粉チーズ

● 材料　作りやすい分量
酒粕……70g
米粉……50g
菜種油……大さじ2
塩……小さじ1

●下準備
・酒粕を常温にもどしておく
・オーブンを140℃に予熱する

● 作り方

すべての材料をフードプロセッサーに入れ、粉チーズのようなポロポロの状態になるまで攪拌する（これが酒粕粉チーズのもと）。

天板にオーブンシートを敷き、1を均等な厚さになるように広げる。

140℃のオーブンで10〜15分焼く。

＊冷蔵で1カ月保存可能

塩麹の大根もち

味つけは、塩麹だけ。
干ししいたけの滋味深さがしみじみおいしい一品。
大根は、すりおろしでなくせん切りにし、
食感を生かして食べ応えも出しました。

● 材料　2人分

塩麹……大さじ1/2
大根(せん切り)……150g
長ねぎ(みじん切り)……30g
干ししいたけ……中2個
ごま油……小さじ1＋大さじ1
こしょう……少々
米粉……100g
水……適量

しょうがじょうゆ……適量

● 下準備

・干ししいたけを1カップの水
(分量外) にひたし、やわらかくもどす

● 作り方

1 　もどした干ししいたけは、石づきを切り
　　落とし、せん切りにする(もどし汁は取っ
　　ておく)。

2 　鍋にごま油小さじ1を熱し、中火で長ね
　　ぎをしんなりするまで炒める。大根を加
　　えて炒め合わせ、しんなりしたら1の
　　しいたけと塩麹、こしょうを加えてさら
　　に炒める。

3 　しいたけのもどし汁と水を合わせて130
　　mℓにし、2に加える。沸騰したら火を止
　　め、米粉を一度に加え、全体をゴムべら
　　でよく練り上げる (a)。

4 　オーブンシートに3を2cm厚さに広げ、
　　冷ます。冷めたら好みの大きさに切り分
　　ける。

5 　フライパンにごま油大さじ1を熱し、中
　　火で4の両面を香ばしく焼く。好みで
　　しょうがじょうゆを添える。

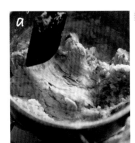

熱いうちによく練り上
げることで、独特のも
ちもち感が生まれる

● 材料　12個分

2倍濃縮甘酒……50g

A｜ ココナッツミルク……70mℓ
　｜ 米粉……50g
　｜ 水……45mℓ
　｜ 塩……小さじ1/6

細ねぎ（小口切り）……10g
菜種油……適量

甘酒たこやき風

ココナッツミルクと甘酒を使って、
たこやきのようなタイの屋台おやつ
「カノムクロック」風に仕上げました。
ほんのり甘いのに、
細ねぎの刺激がきいている……
絶妙な味わいです。

● 作り方
1　甘酒は一度沸騰させ、粗熱を取る。
2　1にAを加え、よく混ぜ合わせる。
　　さらに細ねぎを加えて混ぜる。
3　たこやき器を温め、菜種油をひき、
　　2を型いっぱいに流し込む。ふた
　　をし、火が通ったら取り出す。
　　＊たこやき器にふたがついていない
　　場合は、アルミホイルでおおう。

甘酒の作り方

寺田本家直伝の甘酒は、
ちょっと濃いめの2倍濃縮。
味を見て、甘さが足りないようなら、
加熱時間を好みの甘さになるまでのばして。
そのまま飲むときは、同量の水で薄めます。

● 材料　作りやすい分量
（出来上がり量500g）

米麹……100g
冷めたごはん……300g
熱湯……300mℓ

● 作り方

冷めたごはんを炊飯器の内釜に
入れ、熱湯を加えてよく混ぜる。

米麹を手でほぐしながら加え、
よく混ぜる。

ほこりなどが入らないようにふ
きんをかぶせて「保温」にセッ
トする。ふたをせずに10〜15
時間おく。

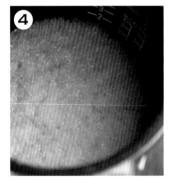

ほんのり色づいて、甘みが出た
ら完成。

出来上がり！

保温ボトルでの甘酒の作り方

● 材料
460mℓの保温ボトルで
作りやすい分量
（出来上がり量320〜330g）
米麹……70g
冷めたごはん……190g
水……190mℓ

● 作り方
1　保温ボトルに熱湯を入れ、温めておく。
2　鍋にごはんと水を入れてさっと混ぜて火にかける。65℃になったら火を止める。
3　米麹を加え、ひと混ぜする。
4　1のボトルの熱湯を捨て、3を入れてしっかりふたをする。4〜5時間たったら、鍋に移して火にかける。65℃になったら火を止め、再び、保温ボトルに入れる。
5　4〜5時間たったら鍋に移し、火にかけて一度沸騰させる。木べらで混ぜながら、7割ほどの量になるまで煮詰める。

冷蔵で保存する場合は、鍋に移して中火にかけ、焦げないようにかき混ぜながら一度沸かして発酵を止める。冷蔵で1週間保存可能。冷凍する場合は、火入れせずそのままで1カ月保存可能

塩麹の作り方

● 材料　作りやすい分量
（出来上がり量700g）

米麹……300g
塩……100g
水……300mℓ

炊飯器を使う方法もあるけれど、
寺田本家の塩麹は、ときどき混ぜながら
常温でじっくりと発酵させて、うまみを引き出すのが特徴。
ぷくぷくした発酵が落ち着いたら完成。

● 作り方

1

米麹を手でほぐしながらボウル
に入れ、塩を加えて混ぜる。

2

水を加えて混ぜる。

3

清潔な保存容器に入れる。ほこ
りなどが入らないようにふきん
やペーパータオルをかぶせ、常
温におく。

4

はじめの1週間は、1日に1度
混ぜる。1週間後から使える。

出来上がり！

発酵が進む2～3カ月後から
本当においしくなる。暑い時
期は冷蔵庫で保存。賞味期限
はとくになし

寺田本家のおいしい麹と酒粕

酒造りの原料である麹、酒造りの副産物である酒粕。
寺田本家では、お酒以外に、麹や酒粕も販売しています。
蔵付きの微生物で醸した味は格別です。オンラインショップで購入可能です。

麹

この本で使用

天然白米こうじ（500g）
¥972
無農薬無化学肥料で育てた米
を原料に、蔵付きの天然麹菌
で醸した寺田本家の麹。自家
製の甘酒、塩麹、みそ造りに。
季節限定10月〜5月ごろ

発芽玄米麹 かむたち（500g）
¥1188
無農薬無化学肥料で育てた発
芽玄米を原料に、天然麹菌で
醸した寺田本家の麹。ぬかが
残っているため、発酵時間は
白米麹の2倍が目安。
季節限定10月〜5月ごろ

酒粕

この本で使用

発芽玄米酒粕（300g）　¥270
無農薬の玄米を発芽させて醸す酒
「むすひ」の酒粕。玄米のつぶつ
ぶが残っているので、その食感を
生かした焼き菓子などにも

醍醐のしずく酒粕（500g）　¥432
鎌倉時代のどぶろくの作り方を再
現した酒「醍醐のしずく」の酒粕。
自然酒酒粕と比べると酸味があり、
やわらかな味わいの酒粕

自然酒酒粕（500g）　¥432
時間をかけ、自然造りで醸した自
然酒の酒粕。新酒を搾り始める
12月ごろから販売。
季節限定12月〜3月ごろ

熟成酒粕（1kg）　¥540
自然酒酒粕を酒蔵内のタンクで常
温で1〜2年長期熟成。うまみが
いっそう増しているので、漬け物
に使うほか、煮物の隠し味にも

お酒も
買えます！

●寺田本家オンラインショップ
https://www.teradahonke.co.jp/

＊各商品の価格は税込みです

◉ 発酵食品別インデックス

材料の発酵食品別にレシピが引けます。
＊は2種類以上使っているものです。

寺田 聡美 てらださとみ

江戸時代から続く、千葉県香取郡神崎町の造り酒屋「寺田本家」23代目の次女として生まれる。「寺田本家」は無農薬米、無添加、生酛造りの独自の自然酒醸造で知られる。マクロビオティックを学び、カフェ勤務などを経て、結婚後は家業を手伝う。醸造元で育ち、発酵を身近に感じてきたからこその発酵レシピが好評。2017年、寺田本家の敷地内に「発酵暮らし研究所＆カフェ うふふ」をオープン。おいしい食事のほか、スイーツも大人気。2児の母。著書に『寺田本家 発酵カフェの甘酒・塩麹・酒粕ベストレシピ』（家の光協会）など。

●株式会社寺田本家
https://www.teradahonke.co.jp/

撮影／澤木央子
ブックデザイン／川添 藍
スタイリング／竹内万貴
取材・文／福山雅美
編集／小島朋子
校正／安久都淳子
DTP制作／天龍社

甘酒・酒粕・麹の やさしい おやつ

2021年12月20日　第1刷発行
2023年 9 月25日　第4刷発行

著　者　寺田聡美
発行者　木下春雄
発行所　一般社団法人 家の光協会
〒162-8448
東京都新宿区市谷船河原町11
電話　03-3266-9029（販売）
　　　03-3266-9028（編集）
振替　00150-1-4724
印刷・製本　図書印刷株式会社